ANASTÁCIA E A MÁSCARA

Há séculos, a voz poética negra marca a sua presença na Literatura Brasileira. Autoras e autores como Maria Firmina dos Reis, Cruz e Sousa, Lino Guedes, Solano Trindade, Carolina Maria de Jesus, Oliveira Silveira, Conceição Evaristo, Cuti, Salgado Maranhão, Cristiane Sobral e Mel Duarte vêm traduzindo a negritude em múltiplos projetos poéticos. A coleção Vozes Negras insurge na cena literária e no mercado editorial para registrar e fazer ecoar esta poesia.

– Vagner Amaro e Henrique Marques Samyn

ANASTÁCIA E A MÁSCARA

Henrique Marques Samyn

Prefácio de Abelardo Rodrigues
Ensaio de Oswaldo de Camargo

Todos os direitos desta edição reservados à Malê Editora e Produtora Cultural Ltda.
Direção: Francisco Jorge & Vagner Amaro

Coleção Vozes Negras, v. 2.
Anastácia e a máscara
ISBN: 978-65-85893-18-3
Edição: Vagner Amaro
Ilustração de capa: Jacques Etienne Arago
Capa: Dandarra Santana
Diagramação: Maristela Meneghetti
Revisão: Louise Branquinho

Texto revisado segundo o novo Acordo Ortográfico da Língua Portuguesa.
Proibida a reprodução, no todo, ou em parte, através de quaisquer meios.

Dados internacionais de catalogação na publicação (CIP)
Vagner Amaro - Bibliotecário - CRB-7/5224

S193a	Samyn, Henrique Marques
	Anastácia e a máscara / Henrique Marques Samyn. — 1. ed. — Rio de Janeiro : Malê, 2024.
	96 p.
	ISBN 978-65-85893-18-3
	1. Poemas brasileiros I. Título.
	CDD B869.1

Índices para catálogo sistemático: 1. Literatura brasileira : Poesia B869.1

Editora Malê
Rua Acre, 83, sala 202, Centro. Rio de Janeiro (RJ)
www.editoramale.com.br
contato@editoramale.com.br

Sumário

NOTA INICIAL 11

PREFÁCIO: SOBRE ANASTÁCIA E A MÁSCARA 13

ANASTÁCIA E A MÁSCARA: SETE VARIAÇÕES

I. De Anastácia: a santa 20

II. Da máscara: o sentido 21

III. De Anastácia: a igreja 22

IV. Da máscara: os propósitos 23

V. De Anastácia: o corpo 24

VI. Da máscara: o fim 25

VII. De Anastácia: a fé 26

ARTE POÉTICA & OUTROS POEMAS

Arte poética 28

A sina que há na pele 29

O calar-se 30

Na esquina, espreita a sombra 31

Sobre a história 32

Tributo a Oswaldo de Camargo 33

Mares que relembram sepulturas 34

O aprendizado da perda 35

Vidas|estatísticas 36

Mar de Abelardo 37

Banquete 38

Soam mais alto as vozes 39

Máscaras brancas 40

Poema para Carolina 41

Um corpo coberto – uma branca mortalha 42

Pelos caminhos da noite 43

Corpos-cores de Palmares 44

ORATÓRIO DE ROSA EGIPCÍACA

Do nome 47

Do corpo 48

Do amor 49

Dos demônios 50

Das profecias 51

Dos beatos 52

Dos inquisidores 54

Da confissão 55

Do destino 56

LIVRO (NEGRO) DE SONETOS

Soneto ao menor no sinal 58

Soneto da rotina dos favelados 59

Soneto a um corpo caído 60

Soneto à preta cotista 61

Soneto ao que caminha entre inimigos 62

Soneto da solidão da mulher negra 63

Soneto à cracolândia 64

Soneto da bala perdida 65

Soneto ao caveirão 66

Soneto à mulher que chora 67

Soneto ao 474 68

Soneto a Marielle 69

Soneto ao não-jogador de futebol 70

Soneto a Cláudia Ferreira (genocídio carioca #1) 71

Soneto a Larissa de Carvalho (genocídio carioca #2) 72

Soneto a Maria Eduarda (genocídio carioca #3) 73

Soneto a Vanessa Vitória (genocídio carioca #4) 74

Soneto a Marisa Nóbrega (genocídio carioca #5) 75

Soneto a Marcus Vinícius (genocídio carioca #6) 76

Soneto a Rodrigo Alexandre (genocídio carioca #7) 77

Soneto a João Pedro (genocídio carioca #8) 78

Soneto a Kathlen Romeu (genocídio carioca #9) 79

Soneto a Eloah Passos (genocídio carioca #10) 80

Soneto a Jefferson Costa (genocídio carioca #11) 81

**ENSAIO: CRÔNICA (UM TANTO LONGA)
SOBRE A POESIA DE HENRIQUE MARQUES
SAMYN** 82

SOBRE OS POEMAS 95

à memória das vítimas do genocídio carioca
(para as quais seria preciso compor
muitos onze milhares de sonetos);

à Lina –
primeira leitora, sempre;

à Ligia,
professora e amiga;

a Oswaldo e Abelardo,
mestres.

NOTA INICIAL

Espero que este livro seja lido, assim como *Levante* (2020), em diálogo com a tradição literária negra brasileira na qual se inscreve.

Com a nossa tradição, aprendi a escrever a partir da história, como ressalta o prefácio de Abelardo Rodrigues – um de nossos mais rigorosos artífices da palavra, que trouxe precisos reparos às primeiras versões de alguns dos poemas aqui publicados –, tendo em vista um projeto coletivo que é tanto estético quanto político. O que tentamos fazer, geração após geração, senão construir a beleza a partir do horror?

Com a nossa tradição, aprendi que múltiplas são as formas e os sentidos das expressões poéticas negras, como evidencia a "crônica-ensaio" de Oswaldo de Camargo – na qual transparece o olhar de um crítico e escritor que generosamente se dispôs a mobilizar uma vasta experiência, acumulada ao longo de mais de seis décadas, para discorrer sobre este livro. Nas inevitáveis diferenças geracionais, há os indícios de um longo percurso histórico: outras vozes abriram os caminhos que hoje percorremos.

Muito me honra contar com esses textos, assinados por dois de nossos nomes maiores, e publicar este livro em um momento particularmente propício para a nossa literatura – "Pássaros negros não voam sozinhos".

PREFÁCIO: SOBRE ANASTÁCIA E A MÁSCARA

por Abelardo Rodrigues, poeta e cofundador do grupo Quilombhoje

Este livro de poesia de Henrique Marques Samyn nos leva a uma viagem dividida em quatro tempos que se deseja serem esquecidos pela história. Um mergulho profundo, frio e meticuloso, mas não complacente com o estado de violência em suas mais variadas formas, ainda latente sobre a nossa gente.

Passado, presente e futuro se misturam, se conectam em sua poesia, denunciando as "balas" – físicas e do desdém – dançando certeiras em nossos corpos pretos, perfurando, num moto contínuo, nossa sanidade desde os tempos coloniais, como a um destino estruturalmente concebido a nos eliminar, mesmo que estejamos presos pelo medo em nossas casas, em nossos casulos de segurança religiosa, ou mesmo em nossos diplomas acadêmicos – nossos corpos não são revestidos de invisibilidade. Somente nossa dor.

Destino perigoso, esse, a que estamos sujeitos, como uma marca indelével desde o nosso nascimento, assim nos alerta o poeta:

Não sabem, as crianças,
a sina que há na pele –

Ou as muitas máscaras que vestimos diante do futuro
imponderável:

as máscaras em romaria:
nas ruas, ao longo do dia;
à noite, nos pesadelos.

O poeta, também um interessado na luta das mulheres negras, (re)constrói, cirurgicamente, as vidas dolorosas de Anastácia e Rosa Egipcíaca – escravizadas que se recusaram à cobiça de seus senhores: suas vidas trágicas dançam vívidas, na memória coletiva, em uma busca mística/mítica de nosso ser/estar neste mundo em que as máscaras – de maneiras física e metafórica –, nos comprimem, nos oprimem na tentativa secular de destruir nossa humanidade.

Aqui surge a escravizada Anastácia, do século XVIII, com a máscara de ferro cobrindo seu rosto, deformando sua beleza invejada pelas senhoras, sua resistência ante a violência contra o seu corpo e sua via sacra de purificação até ser considerada uma santa pelo clamor popular. A santa milagreira que deu, ao seu povo sofrido, a esperança:

para isso outrora te fizeram santa:
para que sejas, na dor, a esperança.

Ou, então, neste "Oratório de Rosa Egipcíaca", em que o poeta-pesquisador mergulha na vida desta outra escravizada, também do século XVIII, que foi muito mais fundo em seus delírios de santidade, após sua vida atribulada, e sua saga de resistência diante dos homens famintos e da inquisição:

Podeis desonestar-me
Podeis vender-me

– se tudo é cinza e
dor

Se é vasto o mundo
Se a vida é pranto

só me interessa
o amor

O poeta mergulha no passado épico-religioso-sincrético dessas mulheres negras que, cada uma a seu modo peculiar, resistiram perante a violência senhorial. Este livro trança e traça ilações entre o horror da banalidade do mal sobre as vidas negras de ontem e de hoje.

Sim! Voltar-se àqueles tempos não nos caberia mais, a nós, poetas, porque, na maioria das vezes, desesperamos os corações e mentes em suas combalidas resistências diante da morte que nos espreita – e à nossa juventude, e às nossas crianças negras a caminho de uma escola qualquer, de um comércio qualquer; ou mesmo dentro de suas casas, desprotegidas das balas perdidas e homens perdidos em suas razões absolutamente ensandecidas, tal como vemos no "Livro (negro) de sonetos" – a impotência e a impossibilidade de reação diante da visão quase diária de um corpo negro abatido, mostrando a impotência dos vivos:

> corpo magro, moldado pela fome;
> tantos passam, olhando – passos lentos –
> ninguém chora por ele – sem lamentos,
> resta o corpo caído – mas é um homem –

Henrique Marques Samyn sai pela tangente diante do toque do nosso Drummond, quando nos alerta "não faças versos sobre acontecimentos"; Marques Samyn desnuda esse vasto mundo negro sem Raimundos, que se escancara diante das estruturas sociais opressivas; revela e se desvela diante de uma poesia que deseja ser negra – e se faz negra em sua plenitude! –, em sua visão contra um mundo sem esperança, um mundo de silêncio e dor, que já foi dito por Gonçalves Crespo, que, vivendo em Portugal, relembra uma cena de sua infância no Brasil, no poema "As velhas negras", dando voz a elas, em que lamentam, impotentes, sua condição de escravizadas, ensimesmando-se sobre os horrores por que passaram:

As velhas negras, coitadas,
Ao longe estão assentadas
Do batuque folgazão.
Pulam crioulas faceiras
Em derredor das fogueiras
E das pipas de alcatrão.

[...]

E pensam nos seus amores
Efêmeros como as flores
Que o sol queima no sertão ...
Os filhos quando crescidos,
Foram levados, vendidos,
E ninguém sabe onde estão.

E em pleno século XXI, aqui uma outra velha, "desolada", faz a sua saga fúnebre:

À tarde: a velha, solitária, espera
sentada sobre o banco de concreto –
lento, chega o caixão: é o quarto neto
que, neste mesmo cemitério, enterra.

O que mudou, do século XIX para o século XXI?

Este diálogo com o passado e com o presente reitera uma realidade de violência contra o povo negro que permanece hoje, aqui e agora, com novas roupagens. Ele, Henrique

Marques Samyn, faz de sua poesia – sem se esquecer da beleza, por mais dura que seja – uma profissão de fé: uma poesia que escava a história esquecida e dialoga com os nossos ancestrais, mas sem lamento: como em "Arte poética":

Quando fores escrever,
escreve para os teus mortos,
tuas mortas – sempre estão
sobre ti e ao teu lado –
mesmo quando, por tédio,
por pressa ou distração,
olvidas os seus nomes.

ANASTÁCIA E A MÁSCARA: SETE VARIAÇÕES

I. De Anastácia: a santa

Afirma a tradição que era rainha
ou que era uma princesa escravizada
(aquela que este povo em ladainhas
evoca): a negra santa imaginada

que as brancas em beleza superava
assim como as sinhás, pela nobreza;
a que nenhum castigo ou chibatada
jamais assujeitou; a que estas rezas

um dia atenderá – ao menos isso
é o que esta gente espera, a cada dia
(pois dizem que a fé do povo oprimido
todo poder supera). Se heresia

a Igreja o considera, o povo canta:
"Será sempre Anastácia a nossa santa."

II. Da máscara: o sentido

O que não pode ser enunciado:
esta ânsia genocida que se oculta
em cada gesto; o sempre calculado
motivo que em ação se configura

no exato e cauteloso movimento
que nunca se revela em sua essência
(pois tudo o que se omite na aparência
é o seu sentido atroz e violento);

o que se vê: a máscara que sela
a boca, para que não seja dito
o que nós bem sabemos – que é preciso
dizer – que a razão branca oculta e nega.

A máscara: o silêncio imposto ao nome
da dor que a cada dia nos consome.

III. De Anastácia: a igreja

Na vala foi erguida outrora a igreja
por negras mãos unidas na irmandade:
erguida pelo acordo de vontades,
e assim se fez a singular beleza –

a talha, as folhas de ouro, o cortinado
agora só persistem na memória:
porque se foi no fogo tudo embora
naquele dia vinte e seis de março.

Porém, restou a imagem entre as cinzas:
a efígie de Anastácia, a escravizada
que jaz sob este solo – ainda intacta,
como compete às santas. Eis reerguida

a igreja: a Anastácia; a Nossa Senhora;
e a ti, são Benedito, toda a glória.

IV. Da máscara: os propósitos

O primeiro propósito da máscara
(segundo diz o branco, sempre cínico)
escapa ao ordinário, porque tácito,
assim como ao geral, porque específico:

propósito moral: tolher o vício
que (diz o branco) nos escravizados
é quase inevitável, porque típico
(do negro é próprio o ser degenerado);

propósito segundo: o suicídio
conter, não permitindo o comer terra
qual fazem os monjolos. Que orifícios
existam – mas seja a medida certa.

Da máscara são vários os propósitos;
forjaram-na com ferro, estanho e ódio.

V. De Anastácia: o corpo

Eis que aqui está o corpo de Anastácia:
o corpo que não podes ver, no entanto;
o corpo: em volta dele, uma mortalha
aos olhos invisível. Corpo santo,

embora nunca visto e nem tocado;
corpo cuja beleza causa espanto
(por jamais visto, nunca devassado
pelas perversas mãos dos homens brancos).

Aqui, sob esta igreja sepultado,
o corpo de Anastácia enfim repousa:
aqui, neste terreno tão sagrado
(contudo, também sob igrejas outras).

Que o corpo de Anastácia sempre esteja
onde houver negra fé que nele creia.

VI. Da máscara: o fim

A máscara que a negra voz não cala,
porque uma só não há: diversas vozes
o povo negro diz; (vozes) tão fortes
que o rígido metal sucumbe e esgarça

quando (essas negras vozes) o perpassam,
rasgando-o como folha de papel;
como se o ferro fosse um fino véu,
ao fim, desfeito em ínfimos pedaços.

Que sejam nossas vozes sempre muitas
e alegres como um canto (não lamento);
que o medo não mais faça o seu silêncio;
que não exista mais máscara alguma.

Que as negras vozes nunca nada cale:
ressoem sempre o som da liberdade.

VII. De Anastácia: a fé

Em mim habita – e em ti – nos nossos corpos
que negros são: se faz em nós morada,
assim nos honre a carne feita casa
da negra santa – outrora escravizada,

a quem nós ofertamos este pós-
tumo louvor, para que ao nosso lado
perene, permaneça: asilo e amparo
(se está conosco, nunca estamos sós) –

santa Anastácia, vela pelo povo
que chama por teu nome, noite e dia:
a negra gente ampara e auxilia:
oferta a tua luz e o teu socorro –

para isso outrora te fizeram santa:
para que sejas, na dor, a esperança.

ARTE POÉTICA
& OUTROS POEMAS

Arte poética

Quando fores escrever,
escreve para os teus mortos,
tuas mortas – sempre estão
sobre ti e ao teu lado –
mesmo quando, por tédio,
por pressa ou distração,
olvidas os seus nomes.

(Cumpre sempre o rito:
ouve o que ressoa
no tempo – entre os silêncios.)

Quando fores escrever,
honra a memória ancestral:
nela, buscaste a língua,
as vozes e o sentido:
ergue, com palavras,
a morada-monumento
feita derradeiro abrigo.

A sina que há na pele

Não sabem, as crianças,
a sina que há na pele –

(na raça há uma sentença
traçada desde a infância)

persistem as heranças
nas dobras do presente

(a sombra do passado
no sol das esperanças)

O calar-se

O calar-se à
força, por medo

(a vida oculta:
segredo)

– o calar-se
luto, tristeza

(à espera de alguma
beleza)

– o calar-se só,
paciência:

(a matéria da
resistência)

Na esquina, espreita a sombra

Na esquina, espreita a
                    sombra:
discreta, aguarda o passo
exato para o encontro

espreita a branca
                    sombra:
na mão, sustenta a faca

(O chão espera o sangue.)

– um solitário corpo

a trilha para o
                    nada

Sobre a história

É preciso recontar a história
     pelos subterrâneos
     pelos silenciamentos
     pelas encruzilhadas

É preciso recontar a história

Vinde, ó vozes dissonantes:

          dizei a verdade dos corpos
          calados,
          perdidos nas valas

          dizei o passado dos mortos
          sem nome,
          entregues ao nada

Rasurai os graves fólios
escritos com pena de ouro

          : precisamos de palavras
          que nos digam o futuro

Tributo a Oswaldo de Camargo

Tu, que anjo quiseste ser em vida
e nos ofertaste um firmamento;

tu, que outrora foste a Maralinga
e a amplos horizontes nos guiaste;

tu, que o coração nos enlevaste
no oboé soprando o som-lamento;

tu, que em meio à branca noite fria
nos acalentaste com palavras;

tu, que procuraste, em cada página,
nossa redenção pela poesia.

Mares que relembram sepulturas

Mares que relembram sepulturas,
vejo em vós fantasmas de navios,
cárceres dos nossos corpos negros –

mares das branquíssimas espumas,
de altas e alvas ondas como abismos,
mares-territórios do degredo –

deixo em vossas águas a amargura,
deixo ao sol e ao sal a dor e as mágoas:

se sobrevivemos aos perigos,
não nos resta tempo para o medo.

O aprendizado da perda

Pequena perda: aquela
que se esquece num instante.
Logo leve, porque breve;
pouca – pois desimportante.

Grande perda a que perdura,
crava raízes na vida:
a dor que não tem cura;
a adiada despedida.

Vidas|estatísticas

Vidas   às
margens:

precárias,

          perdidas,

vãs:

          descartáveis.

Vidas

          não vistas

nestas

          paisagens.

Frágeis as

          vidas,

nunca

          visíveis:

vidas

          vazias

como   estatísticas.

Mar de Abelardo

Sempre assim, ao som perene
desta nossa dor atlântica,
avançamos:

     negra gente
entre a sombra das lembranças,
na serena travessia –

encontrando, em cada verso,
a esperança de outro dia.

Banquete

Eis o corpo lacerado,
ofertado aos vis senhores:

vorazes, revolvem as vísceras,
bradam bárbaros cantos –

(respinga o fresco sangue
nas finas brancas vestes):

ávidos, lançam-se à carne,
gargalhando, insaciáveis:

à volta da alta mesa,
gozam seu lauto banquete.

Soam mais alto as vozes

Soam mais alto as vozes
que nascem da noite escura:

abram-se os horizontes,
faça-se uma alvorada –

a esta brancura muda,
a estas palavras turvas,
basta o silêncio –

o nada.

Máscaras brancas

Vêm – com máscaras brancas:
marcham lentos, vagarosos,
trajando as alvas túnicas
ao som de canções de ódio.

Desconhecemos seus nomes,
não sabemos suas idades.
Moram perto ou moram longe?
De onde vêm? São estrangeiros?

Não sabemos por que marcham,
nem por que eles nos odeiam.
Só vemos – brancas, sinistras,

as máscaras em romaria:
nas ruas, ao longo do dia;
à noite, nos pesadelos.

Poema para Carolina

I.

Escrever

        porque a vida é vestígio

Escrever

        porque o mundo é um vazio

Escrever

        porque a dor é o possível

Escrever

        porque a voz é o resíduo

Escrever

        porque a fome é a ausência de

                sentido

II.

Revolver na vida o verbo
e dizer do mundo o avesso

Fazer da palavra o luxo
e inventar a nova língua

Recusar qualquer escrita
que não seja

        Carolina

Um corpo coberto – uma branca mortalha

Um corpo coberto – uma branca mortalha
cobrindo este corpo – um corpo no asfalto:
crivado de balas, rasgado por facas,
o corpo – que é negro: um corpo – este nada,
vazio, invisível, à espera da vala
precária – ao corpo, esta cova: tão rasa,
a ser esquecido – sem nome: indistinto,
mais um entre inúmeros, tantos cadáveres,
que aos olhos se estendem – paisagem de horror:
anônimo corpo – sem nome; sem lágrimas;
se pobre e se preto – quem liga? Este nada:
vazio, invisível, à espera da vala,
um corpo coberto – uma branca mortalha.

Pelos caminhos da noite

Avancemos
       – sem medo –
pelos caminhos da noite:

a eles nos trouxeram
os passos ancestrais.

Resguarda
       (nosso sangue)
os mapas invisíveis;

em nossa pele, inscritos
vemos os sinais.

Avancemos
       – sem medo –
pelos caminhos da noite:

que o manto do luar,
há séculos aberto,
nos cubra na jornada
rumo ao lar sonhado:

deixemos para trás
a agrura do deserto.

Corpos-cores de Palmares

Não havia em Palmares apenas

                       corpos negros;

        havia em Palmares

                       corpos negros fugidos,

                       insubmissos corpos indígenas,

                       corpos brancos rebelados.

De nossos corpos negros,
faremos Palmares de novo –
e dos que a nós se unirem:

                       corpos indígenas,

                       corpos marrons,

                       corpos amarelos:

       (quanto aos corpos brancos,
         que antes traiam a branquitude)

unidos nesta luta –
corpos-cores da revolução,
forjaremos a liberdade.

ORATÓRIO DE
ROSA EGIPCÍACA

"… enquanto viva for neste mundo não quero outros amores mais que o de meu Deos para que aminha alma espire, e respire emvos livraime do demonio e de todas as suas tragedias"

Processo de Rosa Maria Egipcíaca, fl. 22

Do nome

Chamam-te Rosa
Courana – chamam-te
negra – africana:

do nome   a sina
viveste   as dores

te vemos   Santa
nós,   pecadores

Do corpo

Procura o corpo
que há de salvar-te

Pecado é a recusa
da
      carne

Do amor

Podeis desonestar-me
Podeis vender-me

– se tudo é cinza e
     dor

Se é vasto o mundo
Se a vida é pranto

   só me interessa
    o amor

Dos demônios

Habitam-me sete demônios
(não conheço os seus rostos)

Habitam-me sete demônios
(não conheço os seus nomes)

Habitam-me sete demônios
(é o que dizem os homens)

Das profecias

Diz-nos a negra Santa
que Jesus mama em seu peito
e penteia os seus cabelos

Diz-nos a negra Santa
que as águas cobrirão o mundo
assim como disse Afecto

Diz-nos a negra Santa
que há de gerar um filho
da semente do Encoberto

Dos beatos

Beijai meus pés
ó desgraçados

– se sois fiéis

se este vão mundo
não vos ilude

tomai a hóstia
feita de cuspe

– se sois fiéis

ajoelhai-vos
perante mim

regozijai-vos
em minha luz

– se sois fiéis

vede: em meus braços
trago Jesus

hei de salvar-vos
ó desgraçados

– se sois fiéis

Dos inquisidores

Eis uma pobre negra
        que se diz santa
        que se diz pura

Eis uma escravizada
        visitada pela
        Virgem

Eis uma feiticeira
        preta
        nua
        profetisa

Eis uma prostituta

ó Deus de misericórdia,
perdoa tamanha loucura

Da confissão

Não venham me dizer o que

                       fazer

Não venham me dizer o que

                       sentir

Nada venham

           me dizer

      Deus me revela,

      aos sussurros,

      todos os segredos do mundo

Do destino

De África me trouxeram,
no Aljube me prenderam,
além-mar me levarão –

Se morta me quereis,
vosso desejo é vão;

esta a final profecia:

Voltarei no terceiro dia.

LIVRO (NEGRO) DE SONETOS

Soneto ao menor no sinal

Fecha o vidro na cara do menor
que vende pano e bala no sinal –
que faz malabarismo e coisa e tal
no meio dos carrão desses dotô –

que pede umas moedas – por favor –
a voz humilde assim – descalço e mal-
vestido – mas mandando uma real –
é pra pagar um lanche, meu sinhô;

fecha o vidro na cara do menor
que na escola não teve professor –
que leva tapa do policial –

que cala a todo o tempo a raiva e a dor –
ralando – que amanhã seja melhor –
enquanto a vida não chega ao final.

Soneto da rotina dos favelados

Manhã: sai preparado para a guerra –
já viu muitos dos seus tombarem cedo –
quando abre a porta, sente angústia e medo –
mas vive: sobrevive: persevera.

À tarde: a velha, solitária, espera
sentada sobre o banco de concreto –
lento, chega o caixão: é o quarto neto
que, neste mesmo cemitério, enterra.

Noite: uma multidão aglomerada
na entrada da favela: ninguém sobe –
a bala come solta; acostumada,

aguarda, olhando o caveirão do Bope –
na bolsa, os livros. Pensa, desolada:
o povo favelado só se fode.

Soneto a um corpo caído

É só um corpo caído – não tem nome;
ninguém sabe quem é – sem documentos;
sem dinheiro, sem nada – há quanto tempo
ali está, não se sabe – mas é um homem;

corpo magro, moldado pela fome;
tantos passam, olhando – passos lentos –
ninguém chora por ele – sem lamentos,
resta o corpo caído – mas é um homem –

muito longe, o barraco na Baixada
terá agora um pouquinho mais de espaço;
mais difícil será lidar com a falta –

mas, na Barra, é só um corpo atropelado –
menos um no sinal vendendo bala:
menos um corpo preto em meio aos carros.

Soneto à preta cotista

Ela é, na universidade, a primeira
da humilde família – preta e cotista;
é de noite que estuda, pois de dia
trabalha – e assim vive – nessa canseira:

se o tempo permite, à tarde ela come
na rua um salgado – às vezes, nem isso.
Porém, continua – teima: é preciso.
Difícil é entender as coisas com fome.

Faz os fichamentos e os seminários;
vai lendo no trem – na rua – na fila
do banco; faz como pode os trabalhos;

estuda; se vira; cuida da filha.
Vida de preta é vivida aos percalços.
Mas vai se formar. Vai sim. Algum dia.

Soneto ao que caminha entre inimigos

Como alguém que caminha entre inimigos,
ele vive – assim sempre: vigiado,
perseguido, aonde vai – em todo o lado –
por mil olhos, atentos e escondidos –

porque é preto – ser preto é ser bandido,
é o que dizem – e o querem condenado:
ei-lo exposto – ei-lo acusado – e humilhado
por um crime que não foi cometido.

Porque é preto – ele é sempre o escolhido
para ser constrangido e revistado;
não fez nada – mas pode ser detido,

porque é preto – se um dia for linchado,
quantos vão dizer que foi merecido?
Ser preto é viver num campo minado.

Soneto da solidão da mulher negra

Nada foi diferente: preterida
ao fim – como acontece toda a vez;
não sabe por que tem a insensatez,
ainda, de insistir. Diminuída,

retorna para casa – a cada esquina,
lamenta a sua própria estupidez;
sabe a razão: a cor que tinge a tez.
A mesma história, sempre: ela, a excluída,

a desprezada; a deixada de lado;
condenada ao amor nunca assumido.
Os homens são babacas – ela sabe;

mas é maior. Na vida. Em amizades –
pressente, sempre, a marca do racismo
no afeto a cada dia recusado.

Soneto à cracolândia

O que resta do corpo – a pele e os ossos;
o que resta da mente – o olhar vazio;
o que resta da vida – o andar perdido;
pelas ruas e esquinas – passos tortos:

largados – em resquícios: quase mortos
por quem não quer que estejam nunca vivos –
e lançará seus corpos junto ao lixo:
que os comam os urubus, ou os cães, ou os porcos.

Um sempre calculado desperdício
de vidas – vidas negras – condenadas
à morte: um planejado genocídio

que assim, com precisão, se vai cumprindo –
são vidas – vidas negras – desprezadas
fumando a vida inteira num cachimbo.

Soneto da bala perdida

Na porta do IML, as duas mulheres
estão caladas – porque nenhuma palavra
agora tem algum sentido – não há nada
que a dor que guardam na alma possa tornar leve –

como explicar todo este horror – a vida breve –
a negra vida breve – tão cedo extirpada –
como qualquer negra existência, condenada –
ao fim, foi tudo em vão: vigílias, rezas, preces –

porque ao final, o que sobrou foi um corpinho
e bem no meio do seu peito, um orifício –
se ele dormia, ao menos não morreu sofrendo –

como é possível que alguém seja tão preciso
a ponto de acertar um tiro – que difícil –
num alvo desses – tão magrinho, tão pequeno?

Soneto ao caveirão

Uma sólida caixa de metal
pintada de preto – sombria e lúgubre –
percorrendo a favela em marcha fúnebre –
a cadência feroz e marcial:

mais uma operação policial –
mais tiros – mais enquadros – mortes súbitas –
mais pranto – desespero – gritos – súplicas
em vão; e a caixa estúpida e mortal

avança – atrás, os corpos empilhados,
em meio ao vasto e rubro mar de sangue –
dentro da caixa, alguém gargalha e berra –

como um soldado, em êxtase, na guerra
jogando, desvairado, o imenso tanque
sobre os seus inimigos: favelados.

Soneto à mulher que chora

O choro da mulher no quarto, à meia luz –
a dor de exausta mãe – o corpo sob o céu
noturno – o grito em vão – a chuva como um véu –
ao lado de um cordão, uma pequena cruz;

ao lado dessa cruz, um desgastado anel;
no anel, um coração e a imagem de Jesus –
concede o teu perdão, Senhor meu Deus, conduz
meu filho para o lar, que é teu servo fiel.

Em meio ao temporal, tombado, o corpo só –
e o sol concederá, na límpida manhã,
ao corpo o seu calor. E a mãe, que a noite hostil

insone atravessou? Aflita, não dormiu.
Do filho o que se fez? A vida negra vã:
o corpo a desfazer-se em carne, sangue e pó.

Soneto ao 474

Vambora, e nada de entrar pela porta:
a maior parte (têm o corpo ágil)
entra pela janela (é muito fácil)
levando guarda-sol, cadeira e bola.

Lotado? Nunca. Espreme: há sempre espaço
pra mais alguém; só tem que ser esperto.
Dentro não cabe? Sobe lá pro teto.
Não quer? Vai na janela, pendurado.

Tem como não gostar dessa viagem?
O desconforto é grande, mas compensa:
não se gasta o dinheiro da passagem.

Melhor assim: poupar a escassa grana.
Ao fim, todo esse esforço vale a pena:
não há verão como em Copacabana.

Soneto a Marielle

Marielle está morta – Marielle
não está morta – aqueles quatro tiros
não a mataram: nós ainda a sentimos
ao nosso lado – viva: Marielle

não está morta – vive Marielle
na luta dessas pretas – nos sorrisos –
nas vozes – nos olhares – eu repito:
não está morta – vive Marielle –

não está morta – vive Marielle:
nos pichos e nos muros grafitados –
nas ruas – nas favelas – nos barracos –

não está morta – vive Marielle:
na força inelutável desta gente –
em cada preta que se faz semente.

Soneto ao não-jogador de futebol

O pai bem que tentou – se achava bom de bola –
ser jogador de futebol profissional;
era alto e forte, mas chutava muito mal –
mirava o gol e dava só bicão pra fora.

Nascido o filho, a treta em casa, de hora em hora:
pra que estudar, se é craque? Vai jogar futsal.
Tentou peneiras – nada. Era um bagre, afinal.
Melhor se não tivesse abandonado a escola.

Às vezes, vai à igreja; cumpre o seu destino
lá no campinho: noite e dia, está jogando
– sempre no ataque – uma pelada com os amigos.

Diz com orgulho o pai, no bar, todo domingo:
meu filho é bom rapaz – repete, suspirando –
fiel a Deus, jamais se mete com bandido.

Soneto a Cláudia Ferreira
(genocídio carioca #1)

Saiu apenas pra comprar comida –
Cláudia – saiu apenas na hora errada –
Cláudia – saiu: isso bastou – mais nada –
não houve adeus – nenhuma despedida.

Do corpo, o que restou? Dilacerada –
a mãe – a preta mãe – a preta vida.
No asfalto, a rubra trilha percorrida:
mais de trezentos metros – arrastada:

Cláudia (Cacau chamada). Aos seus algozes,
de que importava? Era outra favelada;
um corpo morto – uma preta qualquer.

Não para nós; não para as nossas vozes –
assim seja a memória resgatada:
Cláudia Ferreira: negra – mãe – mulher.

Soneto a Larissa de Carvalho
(genocídio carioca #2)

a bala
        perdida
a vida
        parada

quebrada
        menina
Larissa
        ceifada

a vida
        perdida
a bala

        menina
Larissa
        mais nada

Soneto a Maria Eduarda
(genocídio carioca #3)

A quadra está vazia: ela não veio –
a bola está no chão: não tem torcida –
ali estão as amigas, reunidas,
sem ela – sem Maria – ela não veio;

na escola, há só o silêncio – pesa o medo:
nos quadros, não ficou palavra escrita –
não há ninguém no pátio ou na cantina.
Sabemos, sim, por que hoje ela não veio.

Mas ontem ela veio – infelizmente.
Brincou, sorriu, falou com as amigas –
sim: ontem ela veio – e veio a morte.

Hoje ela amanheceu como estatística.
Ser negra é depender do acaso, sempre:
voltar pra casa viva? Só com sorte.

Soneto a Vanessa Vitória
(genocídio carioca #4)

Bala perdida não mata criança:
quem mata criança é quem perde a bala –
o monstro fardado que aponta a arma
e aperta o gatilho – mirando a infância –

a bala não mata se está guardada –
calada, no cano – não quer vingança,
não pede sangue: em qualquer circunstância,
fica encerrada em sua ânsia de nada –

quem mata criança é o monstro fardado –
mata a criança a serviço do Estado,
cumprindo, fiel, seu pérfido ofício –

mata, sem dó; depois, dorme tranquilo –
como o assassino que mata sorrindo –
como quem serve ao mais vil genocídio.

Soneto a Marisa Nóbrega
(genocídio carioca #5)

Cada preta traz no ventre a semente
que desde sempre eles querem ceifar –
da negra raça que em qualquer lugar
encontra um jeito de seguir em frente –

que assim é preto: é bicho persistente
que não se cansa de multiplicar –
que quanto mais se tenta exterminar
por toda a parte mais se faz presente –

essas malditas pretas parideiras
que como fêmeas loucas e irascíveis
protegem suas crias indefesas –

essas malditas pretas impossíveis
que têm nas veias sangue de guerreiras
e nunca – nunca – abaixam as cabeças.

Soneto a Marcus Vinícius
(genocídio carioca #6)

Como não viram que ele ia pra escola?
Ou viram que ia – viram, e assim mesmo
mandaram bala? Por que este desprezo?
Por que o mataram? Por que esta mãe chora?

O caveirão – e o tiro. Muito embora
só vissem isso: um moleque indefeso.
O tiro – a morte. A morte – o tiro. A esmo.
Qual foi seu crime? Estudar? Jogar bola?

Um tiro. Um só. Fatal. Bem na barriga.
Marcus Vinícius foi assassinado.
Por que o mataram? Por que esta mãe grita?

Tombado o corpo: no chão, fuzilado.
Nas presas de uma nação genocida,
pedaços do uniforme ensanguentado.

Soneto a Rodrigo Alexandre
(genocídio carioca #7)

Rodrigo deixa dois filhos pequenos –
não têm sequer idade pra entender –
mas como dar um sentido ou um porquê
à morte súbita, sem mais nem menos?

Morreu. Não teve chance de correr
ou despedir-se – que não deram tempo:
foram dois tiros, e só – num momento,
tudo perdido. Mais nada a fazer.

A regra é clara – e muito diferente
para quem serve à missão torpe e inglória
de preservar as leis deste Brasil:

vida de pobre é sempre provisória;
matar um preto é permitido – sempre.
Um guarda-chuva é idêntico a um fuzil.

Soneto a João Pedro
(genocídio carioca #8)

Avisamos que só tinha criança;
ainda assim, eles mandaram bala –
ainda assim, jogaram as granadas –
ainda assim, fizeram a matança,

mesmo sabendo: só tinha criança.
Levaram o corpo – não disseram nada.
Aqui ficamos, com a angústia calada,
o choro e a raiva presos na garganta.

Ele brincava perto da piscina –
o grito; o sangue; o tiro na barriga.
O corpo no helicóptero levado.

A morte a mais na conta da polícia;
a vida a menos para esta família.
O genocídio é sempre calculado.

Soneto a Kathlen Romeu
(genocídio carioca #9)

O corpo que jamais há de existir,
a vida condenada a não haver –
pois como poderia algo nascer
do ventre destinado a não parir?

Antes do parto, chegaria o fim –
tem coisa que é difícil de entender –
vazio o berço – menos um bebê –
um tiro – o sangue – o grito – a dor – no Lins,

assim morreu mais uma mulher negra
(pois não há corpo negro que não seja
tratado todo o tempo como caça)

mais uma mulher negra assim morreu –
a que não será mãe: Kathlen Romeu
– pois com ela morreu Zyon (ou Maya).

Soneto a Eloah Passos
(genocídio carioca #10)

Tava brincando, pulando na cama
comendo o doce que sobrou da festa –
tava brincando, pulando – o que resta?
Comendo o doce – mais uma criança

sem misericórdia, lançada à gana
dos genocidas – irmã, filha e neta –
(na memória, viva: porque a favela
preserva as suas crias na lembrança.)

Uma menina que tava brincando –
uma menina – que, comendo o doce,
tava brincando – sem tristeza ou medo.

Uma menina que tava brincando –
mas veio o tiro – o tiro veio – foi-se
essa menina – porque o tiro veio.

Soneto a Jefferson Costa
(genocídio carioca #11)

Um tiro de fuzil à queima-roupa –
"mas o disparo foi acidental" –
nesta suposta guerra contra o Mal
enfrentam-se: os demônios e as pessoas –

é seco o som que (súbito) ressoa –
o corpo cai, ferido – pois letal
o tiro de fuzil – acidental?
– mas o disparo foi à queima roupa –

"Vai reto já pro colo do capeta" –
pensa, enquanto dispara, o genocida –
"vá pro caralho, à puta que o pariu" –

é sempre a mesma história – a mesma merda –
mais um corpo caído na avenida –
um corpo na Avenida (e no) Brasil.

ENSAIO: CRÔNICA (UM TANTO LONGA) SOBRE A POESIA DE HENRIQUE MARQUES SAMYN

por Oswaldo de Camargo, jornalista e escritor

Creio que meus comentários sobre esta reunião de poemas de Henrique Marques Samyn, compostos entre 2014 e 2024, desnudam literariamente mais o autor destas linhas do que propriamente o poeta destes versos.

É uma oportuna ocasião para alguém que desde a adolescência pôs fé na poesia e, nesta altura de sua vida, transcorridos mais de 70 anos, pode falar das consequências dessa fé que, acredito, levaram o jovem Henrique Marques Samyn a confiar no que posso dizer a respeito da feitura e do sentido dos seus versos. Agradeço.

Acredito que a incumbência de comentar esta produção poética de um negro brasileiro me foi confiada, sobretudo, tendo em vista a minha fidelidade, comprovadamente existente há muitos anos, à tentativa de escrever, nas mais das vezes, uma literatura com foco na realidade mais pungente na história deste país, que foi a escravidão e suas consequências, tomando o homem e a mulher negra, quase ausentes na Literatura Brasileira, como criador e como objeto.

Reitero: o meu opinar sobre estes versos e o seu sentido são, na verdade, não tanto o que é Henrique Marques Samyn como poeta (impossível desvendar por inteiro o que é um poeta), mas muito mais a revelação de mim mesmo, reflexo de meu catolicismo, leituras que me apaixonaram, dos meus retrocessos, talvez até da incapacidade, cultivada com teimosia, de adentrar no universo poético em que poetizam autores bem mais jovens em seus processos de escrever, como Abelardo Rodrigues, Cuti (Luiz Silva), Ricardo Aleixo, Ronald Augusto, Edimilson de Almeida Pereira, Allan da Rosa, Lívia Natália, Jarid Arraes, entre tantos outros.

Os versos de Luiz Gama, de sua famosa sátira "Quem sou eu?", popularmente conhecida como "Bodarrada": "Se negro sou, ou sou bode,/ Pouco importa. O que isto pode?", que se leem na altura da 90ª linha desta zombaria à empáfia e à esperteza de muitos homens brancos, vejo-os como o início do que futuramente teimaríamos em chamar de Poesia Negra, Literatura Negra. Pela primeira vez, aparece na Literatura Brasileira o eu negro, tornando definitivamente preta a fala de Domingos Caldas Barbosa em muitos de seus versos, sobretudo no sempre citado "Lundum das Cantigas Vagas". Vale conferir.

Daí é que viemos; daí Abelardo Rodrigues, daí Cuti (Luiz Silva), daí Conceição Evaristo, Lívia Natália, Carlos de Assumpção. Daí Henrique Marques Samyn, com este livro.

***

Em 1961, o jornalista, poeta e crítico Domingos Carvalho da Silva, pertencente ao Clube de Poesia, em São Paulo, comentando no jornal *O Diário de São Paulo* o nosso livro *15 Poemas Negros*, concluiu que no Brasil, diferentemente do que sucedia nos EUA (quem não se lembra de Langston Hughes?) e nas Antilhas, sobretudo em Cuba, com a produção do mulato Nicolás Guillén, era impossível aparecer uma literatura criada por poetas afro-brasileiros, que merecesse ser averiguada como Literatura Negra. Acertou?

No entanto, em 2024, somando-se já a centenas de livros de autores e autoras negros(as), alimentados(as), desde Luiz Gama, pela consciência de que Literatura, além da face escrita de um povo, também pode ser modo de luta eficaz pró-liberdade, igualdade, reconhecimento da transcendência do homem e da mulher negra, apresenta-se ante a Literatura Brasileira um autor que se propõe a responder também, como tantos outros, à afirmação antiga de um poeta da Geração de 45, conhecida pela reformulação do verso, que o considerava perturbado pelos seguidores do Modernismo de Mário de Andrade, Oswald de Andrade e tantos outros.

Agora é a vez de Henrique Marques Samyn, com "Anastácia e a máscara: sete variações", "Arte poética & outros poemas", "Oratório de Rosa Egipcíaca" e "Livro (negro) de sonetos", mostrar-se na literatura pretendida como negra, para que se confira a sua realidade.

Não consigo escapar de, na leitura deste livro, colocar

como epígrafe um verso do meu poema "Discurso", de *Um homem tenta ser anjo* (1959), retrabalhado na edição de *30 poemas de um negro brasileiro* (Companhia das Letras): "Minha alma mostrou-se inesperadamente e fulgiu sobre o negror do meu corpo".

Fulgor literário, é o que deparamos na primeira parte desta coletânea.

Note-se que o livro *Anastácia e a máscara* abre, solene, com um soneto, molde poético raríssimo entre poetas negros:

> Afirma a tradição que era rainha
> ou que era uma princesa escravizada
> (aquela que este povo em ladainhas
> evoca): a negra santa imaginada

A tentação é citar na íntegra este soneto, de esmerada forma, a mesma forma lecionada aos bons sonetistas do século 20, quase todos com aprendizado no *Tratado de versificação* de Olavo Bilac e Luiz Guimarães.

Gosto da afirmação encontrada em *A arte de ler* (escapa-me o nome do autor), em que se expõe: "O artista, o poeta não sabem; eles imaginam. Em arte, o nome do conhecimento é imaginação".

Estes versos e este enredo, em *Anastácia*, estão apoiados plenamente em imaginação. A nosso ver, impossível uma Anastácia, a não ser imaginada. Calca-se na afirmação de

Joaquim Nabuco: "Sem a imaginação, que serventia teria a inteligência para o homem?" E Napoleão: "A imaginação governa o mundo".

Note-se neste soneto a resistência negra abatendo a visão de beleza eurocêntrica:

evoca): a negra santa imaginada

que as brancas em beleza superava
assim como as sinhás, pela nobreza

***

Raros nesta poesia termos já um tanto desgastados, como senzala, mucama, eito, vigorosíssimos na poesia negra no século 20, expandindo-se para a música popular.

No entanto, uma restrição.

Vemos o soneto "Da máscara: os propósitos" como exemplar da postura que fechou as portas da poesia que se pretendia negra a muitos textos publicados pelo coletivo negro, no tempo em que se ensaiava a militância literária, nos anos 1970-80.

Talvez sem perceber, não foram poucos os poetas negros que caíram na cilada de atuar com generalizações no plano racial, como aparece neste soneto.

Fomos vítimas disso. Aos 12 anos, quando manifestamos

vocação religiosa, a afirmação de um sacerdote branco – "Não aceitamos negro, porque negro é muito violento e sensual", foi uma pura generalização racial que, sendo verdadeira, excluiria da santidade Benedito, Antônio Categiró, Martinho de Porres, Bakita, o mestiço Agostinho, doutor da Igreja, primeiro bispo de Hipona, citando tão só alguns canonizados.

Se me compete alguma restrição, faço-a ao contexto de "Das máscaras: os propósitos".

Neste, se leio bem, todos os brancos são sempre cínicos. São?

Negro é violento e sensual, afirmou o sacerdote. São?

A nosso ver, o soneto usa a mesma linguagem com que se expõe um dogma, barrando a naturalidade dos versos, belamente aparecida no soneto anterior. Leia-se (negritos nossos):

O primeiro propósito da máscara
(**segundo diz o branco, sempre cínico**)
escapa ao ordinário, porque tácito,
assim como ao geral, porque específico:

propósito moral: tolher o vício
que (**diz o branco**) nos escravizados
é quase inevitável, porque típico
(**do negro é próprio o ser degenerado**);

Não acreditamos que seja esta a melhor escolha para desmontar o cavalo de Troia que se montou com o 13 de maio de 1888 (Lei Áurea), durante muito tempo um dos motes mais usados na poesia negra que se pretendia militante:

> Foi um cavalo de Troia
> A liberdade que me deram,
> Havia serpentes futuras
> Sob o manto do entusiasmo
> ["Protesto", Carlos de Assumpção]

Tudo isso prova as várias faces poéticas de Henrique Marques Samyn, expondo, com sonetos ou versos livres, a sua negra visão pousada sobre um país ainda carcomido por preconceitos e racismo.

Poesia contra isso?

A questão está em acreditar que é possível, apoiando essa crença com a coragem de ser simples.

Confira-se com estes excertos de "De Anastácia: a fé":

> santa Anastácia, vela pelo povo
> que chama por teu nome, noite e dia:
> a negra gente ampara e auxilia:
> oferta a tua luz e o teu socorro –
>
> para isso outrora te fizeram santa:
> para que sejas, na dor, a esperança.

Estes versos de "VII: De Anastácia: a fé" merecem ser musicados, captando sonoridades antigas de capelas de Minas, sem o som do órgão, pleno de majestade, mas do harmônio, constante em capelas humildes de confrarias negras.

Simples e comoventes.

***

Como assinalei no início desta crônica, inusitadamente longa, o autor destas linhas talvez se revele mais a si mesmo do que o autor deste livro.

No entanto, uma interrogação se apresenta, uma das mais constantes em autores negros que se propõem, como que respondendo a Domingos Carvalho da Silva: e o eu negro manifestado pelo poeta contemplando a sua vivência de ser um estranho, a despeito de sua presença secular neste país?

Não pode passar despercebido que o texto mais doloroso na Literatura Brasileira, em se tratando de convivência racial, se encontra nas linhas do poema em prosa "Emparedado", de João da Cruz e Sousa. É o eu em espasmos, por acreditar como ele, um negro, poderia, contrariando os dogmas sustentados pelas doutrinas raciais vigentes no seu tempo, ter tamanha atração pela Transcendência, pela Beleza, pela Claridade. Toda a força de "Emparedado" advém do eu de um negro sem mescla, clamando entre muros.

O eu que se afirma negro, quando aparece com o brilho da estética nos textos, justifica plenamente a existência de uma Literatura Negra. Repetimos: "Minha alma mostrou-se inesperadamente e fulgiu sobre o negror de meu corpo".

***

E a expressão do eu negro em Henrique Marques Samyn?

O seu eu está em todos os seus poemas, mesmo nos que parecem explicitamente distantes da realidade negra. O texto é o escritor, em verso ou prosa, desde que ele "penetre surdamente no reino das palavras", como expõe Carlos Drummond de Andrade no seu nunca demasiadamente citado poema "Procura da poesia".

Para nós, merece observação atenta o poema " Arte poética":

> Quando fores escrever,
> escreve para os teus mortos,
> tuas mortas – sempre estão
> sobre ti e ao teu lado –
> mesmo quando, por tédio,
> por pressa ou distração,
> olvidas os seus nomes.
>
> [...]
>
> Quando fores escrever,
> honra a memória ancestral:

nela, buscaste a língua,
as vozes e o sentido:
ergue, com palavras,
a morada-monumento
feita derradeiro abrigo.

Reiteramos: temos em Henrique Marques um poeta de variegadas faces, com incomum cuidado com a forma, a qual veste com nítida clareza os versos encontrados em "Anastácia" ou abriga o sentido de versos um tanto trancados ao imediato entendimento, propositadamente antilíricos ou por vezes enigmáticos, como se leem em "O calar-se":

O calar-se à
força, por medo

(a vida oculta:
segredo)

– o calar-se
luto, tristeza

(à espera de alguma
beleza)

– o calar-se só,
paciência:

(a matéria da
resistência)

E cabe afirmar que a apreensão da poesia deve ser imediata?

Há duas leituras iguais?

A palavra negro, quando escrevo, é integralmente a mesma para o branco que a escreve?

Multiforme, Henrique, que se vê como poeta negro, situado em um coletivo que atua com poesia pelo menos desde a década de 70, não se insere como um autor confessional, como Solano Trindade:

> Sou Negro
> meus avós foram queimados
> pelo sol da África

ou Cuti (Luiz Silva):

> Minha bandeira minha pele
> Não me cabe hastear-me em dias de parada
> Após um século da hipócrita liberdade vigiada
> Minha bandeira minha pele

E daí?

De outro modo, Henrique se apresenta, com versos fortes como estes "Sobre a história":

> Vinde, ó vozes dissonantes:

dizei a verdade dos corpos
calados,
perdidos nas valas

dizei o passado dos mortos
sem nome,
entregues ao nada

Rasurai os graves fólios
escritos com pena de ouro

: precisamos de palavras
que nos digam o futuro

Não me compete percorrer ou comentar por extenso os caminhos que percorre a poesia de Henrique Marques Samyn. Sempre, um poeta que fala de outro poeta, fala também de si mesmo. Acreditamos que, em arte, o eu é inarredável, mesmo quando pretenda alcançar a inteira objetividade. E eu me traio. E, na observação dos poemas de Henrique Marques – fácil de ver –, há ecos de minha geração, que já passou.

Escritor à antiga, que aprendeu com a *Antologia Nacional*, de Fausto Barreto e Carlos de Laet e confiou no dogmatismo de Antoine Albalat em sua *Arte de escrever*, tenho a sorte de me aproximar da poesia de Henrique Marques Samyn.

Outros talvez o lerão diferentemente de nós. Ótimo!

É assim que a Literatura Negra segue em sua missão.

SOBRE OS POEMAS

Os poemas coligidos neste livro foram compostos entre 2014 e 2024.

A série "Anastácia e a máscara: sete variações" foi composta no segundo semestre de 2022 e publicada na revista *piauí* 197 (fevereiro de 2023), com ilustrações de Gustavo Magalhães.

A seção "Arte poética & outros poemas" recolhe poemas compostos entre 2020 e 2023. O poema "Corpos-cores de Palmares" foi composto em 2021 e publicado, em uma primeira versão, na revista *Despacho 7*, da editora Corsário-Satã, com o título "Das cores de Palmares".

A série "Oratório de Rosa Egipcíaca" foi composta entre junho de 2023 e janeiro de 2024.

Os poemas publicados na seção "Livro (negro) de sonetos" foram compostos entre 2014 e 2024. Diversos poemas dessa seção foram postados nas redes sociais, em diferentes versões. Os sonetos a Maria Eduarda, Vanessa Vitória e Marisa Nóbrega foram compostos em 2017 e publicados na revista *Propulsão*, em 2018, com o título "3 SONETOS A 3 NEGRAS ASSASSINADAS".

Esta obra foi composta em Arno Pro Light 13 e impressa na gráfica Trio Digital em setembro de 2024.